Helga Kirchmayr – Knödel aus Pasching

Geh zu Tisch mit
frohem Mut,
schmeckt das Essen
doppelt gut !

Helga Kirchmayr

# Knödel aus Pasching

ENNSTHALER VERLAG, A-4402 STEYR

3. Auflage 1997

ISBN 3 85068 408 3


Druck und Verlag: Ennsthaler, A-4402 Steyr

# INHALT

# Wichtige und praktische TIPS für das Gelingen aller Knödel!

- Zum Knödel formen immer die Hände bemehlen.
- Nur bei Semmelknödel, Leber-, Grieß-, Tiroler-, Fleisch-, Bröselknödel werden die Hände beim Einkochen befeuchtet bzw. naß gemacht.
- Die Knödel immer exact und gut verschließen, dann formen und drehen, allfällige Luft herausdrücken.
- Bevor Sie die Knödel aus der Hand geben, vergewissern Sie sich nochmals, ob er rundherum gut verschlossen ist.

- Nur in kochendes, leicht gesalzenes Wasser einkochen.
- Nicht im Wasser ruhen lassen! Rütteln Sie die Kaserole etwas und helfen Sie den Knödeln mit einem Kochlöffel vorsichtig, damit sie auf keinen Fall am Boden der Kaserolle festkleben können.
- Langsam kochen.
- Immer gut abtropfen lassen!
- Zwetschken oder Kirschen lassen sich auch in gefrorenem Zustand sehr gut für Knödel verarbeiten.

# Weitere wertvolle ! Tips !

- Obstknödel bekommen ein feines Aroma, wenn man dem Kochwasser einen Schuß Rum sowie eine Vanilleschote (oder Vanillepulver) beigibt.
- Wichtig: Das Wasser darf niemals kochen, sondern nur wallen. Vorsichtshalber sollte man immer eine Tasse kaltes Wasser bereithalten, um einen kleinen „Kälteschock" zu erreichen, falls die Flüssigkeit zu heiß werden sollte und die Knödel auseinanderfallen drohen.

- Knödel kocht man immer im offenen Topf.
- Wenn die Knödel auseinander fallen, dann hat man sie nicht gut „verschlossen". Es darf kein Mehl zwischen den Schließstellen verbleiben.
- Knödel immer mit einem Lochschöpfer aus dem Wasser heben und gut abtropfen lassen.

# Käseknöderl

5 dag Butter abtreiben, 1 Ei, Salz, Muskatnuß dazugeben. Dann ca. 4–5 Eßlöffel geriebenen Käse (z.B. Edamer-Emmentaler – Gauda) dazugeben, 3 Eßlöffel griffiges Mehl unterrühren und etwas rasten lassen. Dann mit nassen Händen kleine Knöderl formen, welche in die kochend heiße Suppe eingelegt werden. 10 Minuten ziehen lassen, nicht kochen!!!

# Speckgrießknöderl

¼ l Milch, Salz, 5 dag ganz klein würfelig geschnittener, durchzogener Speck und etwas Muskatnuß aufkochen, 15 dag Grieß einkochen. Die Masse überkühlen lassen, die Eier einrühren, Knöderl formen und in der Suppe kochen.

# Kartoffel KNÖDERL

Dazu braucht man 5 dag Butter
1/2 kg gekochte Kartoffel gerieben, 2 Eier,
5 dag Grieß, 7 dag Mehl, 10 dag
faschierte Wurst oder Selchfleisch,
5 dag Zwiebel geröstet, Salz, Muskat-
nuß, Petersilgrün u. Zitronenschale. –
Butter abtreiben, die Eier dazu, dann
die übrigen Zutaten gut unterrühren.
Aus dieser Masse kleine Knöderl formen
und in der klaren Suppe ca. 8 Minuten
leicht kochen!

# Grammelknödel im Suppentopf

Als Suppeneinlage in gebundenen Suppen!

**Für den Teig:**

1/4 kg Kartoffeln, 4 dag Mehl, 4 dag Maizena, 1 Dotter, 2 dag zerlassene Butter, Salz, Muskatnuß (ganz wenig), 2 dag passierten Spinat – Kartoffeln kochen, schälen und heiß durch die Kartoffelpresse drücken. Ausgekühlt mit den anderen Zutaten auf dem Brett zu einem Teig kneten. Eine Rolle formen und Stücke abschneiden, mit Fülle belegen und dann mit dem Teig gut umschließen, Knödel formen und in kochendem Salzwasser ca. 7-10 Minuten kochen.

Fülle: 10 dag Grammeln, Petersilie, 1 kleine Knoblauchzehe zerdrückt. –
Grammeln zerkleinern oder fein hacken, Kugeln formen. Wenn die Kugeln ca. 1 Stunde tiefgekühlt werden, können sie damit leichter Knödel formen.

Diese Grammelknödel kann man auch als Hauptgericht mit warmen Kraut-salat, Weinkraut oder auch mit Salaten servieren. Außerdem sind sie eine herrliche Beilage zu Wildgerichten!

# Bröselknödel

5 dag Butter oder Margarine abtreiben, Salz, Muskatnuß und 1 ganzes Ei dazugeben. 2 eingeweichte, ausgedrückte Semmeln unterrühren und dann soviel Semmelbrösel dazugeben, daß eine gut formbare Masse entsteht. Ca. ½ Stunde rasten lassen und dann in die kochende Suppe kleine Knöderl einlegen. 5 Minuten kochen!
Bröselknödel passen ausgezeichnet in gebundenen Suppen.
Diese Bröselknödel kann man aber auch in heißem Öl oder Fett goldgelb backen und dann in der Suppe servieren!

# Leberknödel

20 dag faschierte Schweinsleber, 10 dag Faschiertes, 1 eingeweichte ausgedrückte Semmel, 1 ganzes Ei, Salz, Pfeffer, Muskatnuß, Petersilgrün, 1 Eßlöffel Röstzwiebel, und etwas Majoran werden gut durchgerührt. Dann soviel Semmelbrösel dazugeben, daß sich eine gut formbare Masse bildet. Etwas rasten lassen und dann im Salzwasser die Knödel ca. 10 Minuten kochen. Aus dem Salzwasser nehmen und in einer guten Rindsuppe servieren!

# Fleischklößchen

Dazu braucht man:

2 St. ungebrühte Kalbs-
bratwürste
1 Schalotte
1 Teel. Butter
2 Eßl. Creme fraiche
eventuell 1 Eßl. Calvados
Zitronenschale
etwas Pfeffer

ergibt 20 Stück!

## Zubereitung:

Die feingeschnittene Schalotte in heißer Butter glasig dünsten, das Bratwurstbrät herausdrücken und dazugeben, Creme fraiche unterrühren. Calvados (Apfelbranntwein) Zitronenschale und Pfeffer dazu. Mit den Händen kleine Knöderl formen und in die kochende Suppe einlegen.
Bei kleiner Hitze ca. 10 Minuten garen lassen.

# Frittatenknödel

Fertig gebackene Frittaten, je 5-7 Stück mit Fleischfülle (Braten oder Wurstreste faschiert, gewürzt, etwas Röstzwiebel, Petersilie) übereinandersetzen, an den Rändern mit Eiklar bestreichen, auf eine feuchte Serviette geben und in Form eines Knödels zusammenbinden. 10-20 Minuten in Salzwasser kochen. In Segmente schneiden und getrennt von der klaren Suppe servieren. Andererseits kann man den Fridattenknödel mit verschiedenen Gemüsesoßen als Vorspeise servieren.

# FLEISCHKNÖDERL

5 dag Butter, 2 Eier, 5 dag Zwiebel, Salz, Pfeffer, Majoran, Zitronenschale, 10–15 dag Fleisch, roh oder Bratenreste faschiert, wenn nötig Brösel oder Mehl, Petersilie –
Aus der Masse kleine Knöderl formen, in der klaren Suppe kochen.
Diese Fleischknöderl kann man aber auch in gebundenen Suppen servieren!

# Kräuter-KNÖDERL

Für die Zutaten:

1/4 l Milch
3 dag Butter
12,5 dag Mehl
2 Eier
Salz, Pfeffer
Petersilgrün
Schnittlauch } je 1 Bund
Basilikum
ergibt ca. 24 Stück

Man kann die Klößchen aber auch direkt in die Suppe einkochen.

## So wirds gemacht:

Die Milch mit der Butter, dem Salz und etwas Pfeffer aufkochen, das Mehl dazugeben und rühren bis sich der Teig vom Geschirr löst. Teig abkühlen lassen, dann die Eier unterrühren. Gehackte Kräuter dazugeben. Mit 2 Teelöffeln etwa 24 Klößchen abstechen und in kochendes Salzwasser geben. Bei kleiner Hitze ca. 10 Minuten gar ziehen lassen. Wenn die Klößchen an der Oberfläche schwimmen, mit einer Schaumkelle aus dem Wasser nehmen und abtropfen lassen.
In einer guten Rindsuppe servieren.

# Käseknöderl – GRÜN

fürs kalte Buffet oder für heiße Tage:
10 dag Butter, 8 dag geriebenen Emmentaler Käse, 6 dag Kräuter-Frischkäse (Gervais), 2 Eßlöffel gekochten, gut ausgedrückten Spinat, 5 dag gehackte Pistazien. – Zu der schaumig gerührten Butter den geriebenen Käse, die übrigen Zutaten, Salz u. Pfeffer dazu. Die Knöderl in Pistazien wälzen. 1 Stunde in den Kühlschrank stellen. Mit frischem Salzgebäck servieren!

# Käseknöderl – ROT

## Variante II

Denselben Abtrieb, statt dem Emmentaler Käse 8 dag zerdrückten Gorgonzola, Spinat und Pistazien weglassen! Gewürze dazu, Knöderl formen und in geriebenen Karotten wälzen. Kühl stellen!

Beide Varianten sehen nebeneinander sehr gut am kalten Buffet aus. Andererseits eignen sich beide Rezepte bestens für eine Sommerjause!

# DA ERDAPFÀ

Da Erdapfà is allweil guat!
Als a kochta, zum Schöln,
oda in Salzwasser kocht,
mit Butta und Soiz,
als Erdäpfelschmarrn,
mit Zwiefö oda Grammön,
als Pürree, mit zerlassener Butta
und mit an Zwiefö an grestn,
als Erdapfàknödln
mit brauner Butta,
oder zu an Schweinan
am Sunnta,

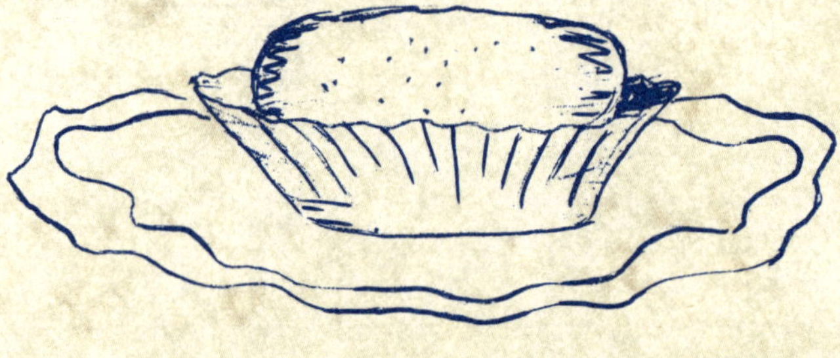

als Erdapfänudln
- oba gschupfte -
mit Mohn, oda
Semmöbresln und Zucker,
oda gar -
als boachane Erdapfänudln
in a Rain ausabacha
und a Sauerkraut
a abgschmoizns dazua -
i sags ja:
da Erdapfä is allweil
guat!

# Erdäpfelteig für Knödel

**Für 4–5 Personen nimmt man:**

3/4 kg mehlige Erdäpfel, 20 dag griffiges Mehl, 5 dag Grieß, Salz, 1–2 Eier und wenn man diesen Teig noch verfeinern will, 2 dag flüssige Butter.

Man kann Erdäpfel verwenden, welche am Vortag gekocht wurden oder vom selben Tag gekochte. Die geschälten Erdäpfel werden gepreßt oder fein gerieben und am Knödelbrett mit den übrigen Zutaten zu einem geschmeidigen Teig geknetet. Dann sofort weiterverarbeiten, sonst wird der Teig zäh!

# Grammelknödel

Erdäpfelteig zubereiten –
20 dag Grammeln werden gut gewürzt mit Salz, Pfeffer, Petersilgrün, etwas zerdrückten Knoblauch oder fein geschnittener Zwiebel vermengt. Sodann aus dieser Masse kleine Knöderl formen. – Den Teig in Stücke schneiden, Grammelknöderl darauflegen und mit dem Teig vollkommen und fest verschließen. Schön runde Knödel drehen und auf das bemehlte Brett legen. In reichlich Salzwasser (kochend) einlegen und 10 Minuten kochen. Mit Schnittlauch bestreut servieren. Dazu paßt gut warmer Krautsalat oder Sauerkraut oder auch Blattsalate.
Ebenfalls Bratensaft oder Gulaschsaft!

# Erdäpfelknödel

als Beilage zu Schweins- od. Surbraten!

Erdäpfelteig
Eine Rolle formen, Stücke abschneiden, flach drücken, in die Mitte ca. 1 Eßlöffel Semmelwürferl geben, Knödel formen und in kochendem Salzwasser 10-15 Minuten kochen.
ODER: Die Semmelwürfel in den Erdäpfelteig einarbeiten, Knödel formen und ebenfalls in kochendem Salzwasser 10-15 Minuten kochen.

# Waldviertler Erdäpfelknödel.

½ kg Erdäpfel kochen, heiß passieren und mit 15 dag Kartoffelmehl und 1 Eßlöffel Grieß, sowie Salz auf einem Brett zu einem Teig verkneten.
Im kochenden Salzwasser die Knödel ca. 15 Minuten ziehen lassen.

Diese Knödel sind ebenfalls eine beliebte Beilage zu gebratenem Fleisch.

# Waldviertler KNÖDEL

Zutaten: 3/4 kg rohe Erdäpfel, 1/4 kg gekochte Erdäpfel, etwas Erdäpfelmehl, Salz, Essig -

## So wirds gemacht:

Eine Schüssel zur Hälfte mit Essigwasser füllen, ein Tuch einlegen und dann die rohen Erdäpfel hineinreiben. Das Tuch herausheben, Erdäpfel darin gut ausdrücken.
Die gekochten Erdäpfel passieren oder reiben, salzen, mit dem Mehl und den rohen Erdäpfeln zu einem festen

Teig verkneten.
Mit nassen Händen Knödel formen
In kochendem Salzwasser so lange
kochen bis sie sich drehen

Als Beilage zu Braten oder Selch
fleisch servieren!

# Speckknödel

20 dag kleinwürfelig geschnittenen, mageren Speck wird mit etwas Petersil-grün zu kleinen Knöderl geformt.
Erdäpfelteig zu einer Rolle formen und gleichmäßige Stücke herunter-schneiden, flach drücken, mit einem Speckknöderl belegen, gut mit dem Teig umschließen und Knödel formen.
Im kochenden Salzwasser ca. 15 M. unter kochen. Mit Schnittlauch bestreut und eventuell mit einem Natursaft zu Tisch bringen.
Dazu paßt am besten Sauerkraut oder warmer Krautsalat!

# Warmer Krautsalat!

1 mittleres Häuptel Weißkraut fein hobeln oder schneiden, salzen, etwas Kümmel in einer Kaserole mit ca. 1 l kochendem Wasser übergießen, zudecken und ca. 10–15 Minuten kochen. Dann vom Herd nehmen, das Wasser abgießen. 1/8 l Gärungsessig 5% aufkochen und über das Kraut gießen, 2 Eßlöffel Zucker dazugeben, 1 Eßlöffel Fett heiß werden lassen und darübergießen. Gut durchmischen und nochmals aufkochen.

# Speckknödel mit Rahm-Eierguss

Speckknödel aus Erdäpfelteig wie beschreiben zubereiten!
Die fertigen Knödel werden aber nicht gekocht sondern <u>gebacken</u>! Dazu die Knödel in eine gefettete Kaserole schichten und dabei rundherum in flüssiger Butter drehen. Im Rohr ca. 20 Minuten backen, dann umdrehen und nochmals 20 Minuten backen (schön knusprig!) dann 1/4 l Rahm mit 1 Ei versprudeln, etwas Salz und wenig Muskatnuß dazugeben und über die goldgelben Knödel gieße. Nochmals ca. 5 Minuten ins Rohr, bis die Rahmeiermasse eingesogen bzw. gestockt ist. - Mit Salat zu Tisch bringen.

# GRAMMELKNÖDEL GEBACKEN
## mit Eierguß

Grammelknödel aus Erdäpfelteig
wie beschrieben zubereiten.
Die weitere Verarbeitung genauso wie
bei Speckknödel mit Eierguß!

# Hascheeknödel

20 dag Faschiertes (gekochtes oder gebratenes) Fleisch, Salz, Pfeffer, Petersilgrün, Majoran, gerösteter Zwiebel, 1 Zehe Knoblauch zerdrückt. Alle Zutaten gut vermischen und kleine Knöderl formen.

Erdäpfelteig wie beschrieben zubereiten, Rolle formen, Stücke herunterschneiden, flach drücken, mit dem Hascheeknöderl belegen und gut mit dem Teig um und verschließen. In kochendem Salzwasser 15 Minuten kochen.

Mit Schnittlauch bestreut und mit Bratensaft zu Tisch bringen.

Dazu passt ebenfalls Sauerkraut oder warmer Krautsalat!

# Sauerkraut

1/2 bis 3/4 kg Sauerkraut weichkochen. –
3 dag Butter mit 3 dag Mehl etwas
anschwitzen lassen, das gekochte Sauer-
kraut dazugeben und gut vermischen.
Nochmals aufkochen lassen.

## Sauerkraut natur:

1/2 - 3/4 kg Sauerkraut mit einem Suppen-
würfel und Wasser weichkochen.
ODER: Sauerkraut mit ca. 5 dag Speck
weichkochen.
ODER: Über das weichgekochte Sauerkraut
5 - 10 dag geröstete Speckwürfel geben.

# Mühlviertler KARTOFFELKNÖDEL

Zutaten: 1 kg Kartoffel, ¼ kg Grieß, 2 Eier, 3 dag Butter, 2 Semmeln, Salz.

Zubereitung:
Die gekochten, geschälten Kartoffel auf dem Nudelbrett mit dem Nudelwalker heiß über den Grieß zerdrücken, um diesen gleichsam abzubrühen. Die Masse läßt man auskühlen und gibt Eier, Salz und würfelig geschnittene in Butter geröstete Semmeln dazu.
Aus dem Teig formt man Knödel, die ¼ Stunde in Salzwasser gekocht und eventuell mit heißer Butter begossen werden.
Als Beilage gibt man Kraut, Gemüse oder Salat!

# Grießknödel aus Kartoffeln

Erdäpfelteig zubereiten, am Nudelbrett auswalken und mit folgender Fülle bestreichen:
10 dag Grieß wird in Fett mit 1 Zwiebel und Petersilgrün lichtgelb geröstet, dann mit kaltem Wasser abgeschreckt. Noch warm auf den Erdäpfelteig gestrichen, fest eingerollt, in dreifingerbreite Stücke geschnitten. Daraus werden Knödel geformt, im Salzwasser ca. 10 Minuten gekocht und nachher noch mit etwas heißer Butter begossen.
Mit verschiedenen Salaten oder Gemüse servieren.

# Kartoffelknödel gefüllt

Erdäpfelteig zubereiten. –
Für die Fülle braucht man:
1 Zwiebel geröstet, würfelig geschnittenen Selchspeck, Fleischreste und fertige Eierspeise werden gewürzt und vermischt.
Vorbereitete Stücke des Erdäpfelteiges werden damit gefüllt. Knödel formen und in kochendem Salzwasser ca. 10 Minuten langsam kochen.

Dazu reicht man Sauerkraut oder warmen, aber auch kalten Krautsalat.

# Wickelknödel

Erdäpfelteig zubereiten.-
Der dünn ausgewalkte Teig wird mit zerlassener Butter bestrichen, dann mit gerösteten Semmelbröseln gleichmäßig bestreut. Man schneidet nicht zu große viereckige Stücke ab, rollt sie zusammen, drückt die Enden fest zu, das heißt, man zieht die äußeren ungefetteten Teigteile darüber. In kochendem Salzwasser ca. 10 Minuten kochen.
Wickelknödel sind als Hauptspeise mit Salat, Kraut oder Gemüse sehr ausgiebig, oder auch wenig gesalzen mit Kompott als Abwechslung eine Bereicherung für den Speisezettel!

# Dinkel-Erdäpfelknödel mit Wurzelgemüse

Zutaten: Für den Knödelteig 3/4 kg gekochte, kalte Erdäpfel, 15 dag Dinkelschrot, Petersilgrün, 2 ganze Eier, Salz, Muskatnuß.
Die geschälten Erdäpfel fein reiben, mit den Eiern, den Gewürzen und dem Dinkelschrot rasch zu einem Teig kneten. ca. 10 Knödel formen und in reichlich Gemüsesuppe ca. 1/4 Stunde kochen.

Für das Wurzelgemüse nimmt man
2 rote Zwiebeln, 10 dag Karotten, 10 dag
Sellerie, 20 dag Porree, 5 dag Butter, 4 Eß-
löffel Obers, 1 Eßlöffel Weißwein, etwas Salz
und Petersilgrün. –
Das Gemüse in feine Streifen schneiden
und in Butter andünsten, Weißwein da-
zu und dann mit Obers verfeinern.
Mit den Dinkel-Erdäpfelknödel zu Tisch
bringen.

# Schinken-Fleischknödel

**Zutaten:** 10 dag feinwürfelig geschnittenen Schinken
30 dag gemischtes Faschiertes
15 dag faschiertes Rindfleisch
1 Zwiebel
1 Semmel in Milch eingeweicht
1 Ei + 1 Dotter
1 Eßl. geriebenen Käse
Salz, Pfeffer, Knoblauch
Oregano, 1 Eßl. gehackte Mandeln,
1 Eßl. Senf
Butter, Öl, Creme fraiche

## So wirds gemacht:

Schinken, Faschiertes, die ausgedrückte Semmel, feingehackte Zwiebel, Gewürze, Käse und Mandeln gut abmischen. Aus dieser Masse kleine Knöderl formen. Dann in Mehl wenden und anschließend in einer Öl-Buttermischung auf allen Seiten knusprig braun braten. Herausnehmen und warmstellen.
Den Bratenfond mit etwas Suppe aufgießen, stauben mit Mehl und zum Schluß Creme fraiche zum Verfeinern.
Als Beilage Kartoffel mit Petersilie, Reis und verschiedene Blattsalate.

# Grießknödel I

4 entrindete kleinwürfelig geschnittene Semmeln, 4 gekochte Kartoffel (ca. 20 dag) faschiert oder zerdrückt, Salz 10 dag Butter, 3 Eier, 30 dag Grieß. –

Abtrieb aus Butter und Eiern, Salz, Kartoffel, Grieß und Semmeln gut abarbeiten, Knödel formen und in Salzwasser kochen. ca. 10 Minuten

# Grießknödel II

passen besonders gut als Beilage zu gekochtem Selchfleisch, -Roller od. Schinken!

Zutaten:

1/8 + 1/16 l Milch mit 5 dag Butter und Salz aufkochen, 8 dag Grieß einkochen, rühren bis sich die Masse löst, überkühlen lassen. Dann kommt 1 ganzes Ei und 1 1/2 Stück würfelig geschnittene Semmel dazu. Gut vermengen, Knödel formen und in das Siedewasser vom Geselchten einkochen. Ungefähr 10 Minuten leicht kochen!

# Knödelteig für Speck- oder Grammel KNÖDEL

Hat man einmal keine gekochten Kartoffel, so kann man es auch einmal mit diesem Knödelteig versuchen:

35 dag griffiges Mehl
35 dag glattes Mehl
1-2 Dotter
Salz
etwas Wasser
Milch

Aus diesen Zutaten einen glatten Teig zubereiten und für Knödel weiterverwenden.

# Böhmischer Knödel

eine geschätzte Beilage zu Wildgerichten, Beuschel oder Rinderbraten!

Zutaten:
½ kg griffiges Mehl, 2 dag Germ, 2 Eier, 4 dag Butter, Salz, 2½ Semmeln in Würfel geschnitten, 8 dag Grieß und soviel Milch, daß ein fester Teig entsteht! Germteig auf kaltem Weg! Zu einem Laib ausarbeiten, ½ Stunde gehen lassen, nochmals schön glatt schleifen und eine Rolle formen. Nochmals ½ Stunde gehen lassen und dann 18 Minuten in Salzwasser kochen. Die Rolle nach der halben Garzeit umdrehen. Fertig gekocht herausnehmen und in Scheiben geschnitten servieren.

# Topfenknödel in der Serviette

Zutaten: 1/2 kg Topfen, 1/4 kg Grieß, 10 dag Butter, 4-5 Eier, Zitronenschale, 1 P. Vanillezucker. - Butter und Brösel.

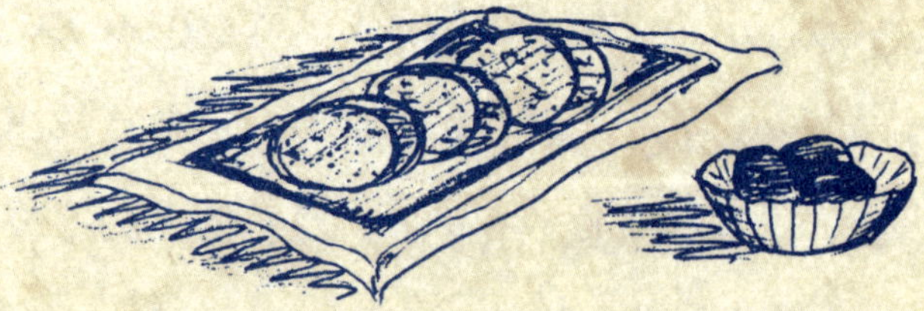

## So wird's gemacht:

Die Butter flaumig abtreiben, die ganzen Eier nach und nach, Topfen, Grieß und Gewürze dazugeben. Eine Rolle formen, diese in eine nasse Serviette geben, zubinden an beiden Enden und eine halbe bis dreiviertel Stunde in Salzwasser kochen. Heiß in Stücke schneiden und in Brösel drehen.
Diese Knödel werden einerseits süß mit Kompott serviert, andererseits können sie gesalzen als Beilage zu Fleischspeisen verwendet werden.

# Kapuziner Kohlknödel

30 dag Kohl fein schneiden und in 5 dag Butter dünsten, abkühlen lassen. 13 dag Semmelbrösel mit $1/8$ l kochender Milch übergießen und quellen lassen. Mit 2 Dotter, 1 Eischnee, Salz, Pfeffer, Muskatnuss verkneten, den Kohl samt Butter daruntermischen. Kalt stellen. Aus der Masse kleine Knöderl formen und in kochendem Salzwasser kochen. Abgetropft mit in Butter gerösteten Zwiebeln bestreuen. Als Beilage zu Braten servieren.

# Semmelknödel

Oberösterreichisch!

15 dag Semmelwürfel, 3 ganze Eier,
1 Teelöffel Salz, 100 ml Milch,
3 dag zerlassene Butter, Petersilgrün,
4 dag Mehl –
Semmelwürfel mit Butter, Eier, Salz und Milch vermengen und 1/2 Stunde rasten lassen. Dann mit Mehl vermengen, mit nassen Händen zu Knödel formen und in kochendem Salzwasser 10 Minuten kochen. Diese Masse ergibt 4 Knödel.
Als Beilage zu Schweinsbraten oder alle anderen Braten und Soßen.

# Serviettenknödel

Zutaten: 6 alte, würfelig geschnittene Semmeln, 1 Eßlöffel gehackte Petersilie, 5 dag Butter, 1/4 l Milch, 3 Eier, Salz, Muskatnuß, 5 dag Mehl.

Zubereitung: Feingehackte Zwiebel in Butter andünsten, Petersilie dazu und über die Semmel geben. Milch, Eier u. Salz darübergießen und 1/2 Stunde rasten lassen. Dann das Mehl untermengen. Auf einer feuchten Serviette zu einer Rolle formen und einwickeln. In reichlich Salzwasser bei schwacher Hitze 3/4 Stunde kochen. In Scheiben geschnitten servieren!

# Tiroler-Knödel

20 dag Knödelbrot oder 4 St. alte Semmel würfelig geschnitten, 1 kleine feingehackte Zwiebel in etwas Fett anrösten, und zu den Semmelwürfeln geben, salzen, Petersilgrün und 3 ganze Eier sowie 100 ml Milch darübergießen und durchmischen. 20 dag durchzogenen Speck klein würfelig schneiden und dazu geben. 1/2 Stunde rasten lassen. Dann 5 dag glattes Mehl dazugeben, nochmals durchmischen, Knödel formen und in siedendem Salzwasser 15 Minuten leicht kochen!
Mit frischem Salat servieren, außerdem passen auch verschiedene Soßen z.B. Schwammerlsoße oder Gulaschsaft!

# Klosterneuburger Knödel

5 Semmeln, ca. 150 ml. heiße Milch,
1/4 kg Selchfleisch fein geschnitten, 3 Eier,
10 dag Butter, 4 dag Brösel, Salz. –
Die würfelig geschnittenen Semmeln werden mit der Milch übergossen, gesalzen und mit dem Selchfleisch vermengt. Die Butter wird mit den Eiern flaumig gerührt und zu den Semmeln gemischt. Die Masse wird mit den Bröseln befestigt. – Auf eine nasse Serviette geben, eine Rolle formen und einbinden. In kochendem Salzwasser 3/4 Stunde lang gekocht. Dann herausnehmen, in Stücke schneiden und mit in Butter gerösteten Bröseln bestreut.
Dazu paßt grüner Salat!

# Knödelgröstl

EINFACH UND GUT!

Sind Semmelknödel übrig geblieben oder Sie haben absichtlich für dieses Gericht eine größere Menge gemacht, so ist dies ein zwar einfaches aber sehr schmackhaftes Essen!

Die gekochten, kalten Knödel halbieren, die Hälften nocheinmal halbieren und dann grobblättrig schneiden. 1 Zwiebel in etwas Öl oder Fett goldgelb anlaufen lassen, die Knödel dazugeben und durchmischen. Pro Person 1 ganzes Ei dazugeben, kurz durchrösten, mit viel grüner Petersilie bestreut servieren.

Dazu schmeckt sehr gut jeder Blattsalat oder auch Gurkensalat!

# Königsberger Klopse

## in Zitronen-Kapern-Soße

Zutaten: ½ kg faschiertes Kalbfleisch, 2 Scheiben Toast, 1 Bund Schnittlauch, 2 Teelöffel Senf, 2 Eier, Salz, Pfeffer. –
Zubereitung: die entrindeten Toastscheiben einweichen, ausdrücken, mit dem Fleisch und den übrigen Zutaten zu einem glatten Teig kneten. 16 Stück Knödel formen und einem leicht kochenden Kalbsfond (entweder Kalbsuppe aus Kalbsknochen oder Würfel) 10 Minuten zugedeckt garen.

Knödel herausnehmen und warmstellen.
Den Fond durch ein Sieb gießen. - 2 dag Mehl und 2 dag Butter anschwitzen, mit Fond und 2 Eßlöffel Obers aufgießen und unter Rühren 5 Minuten kochen.
4 dag Kapern mit der Flüssigkeit und 2 Teelöffel Zitronensaft in die Soße geben und mit Salz, Pfeffer und Zucker würzen.
Die Knödel in der Kapernsoße erwärmen und mit Salzkartoffeln auf vorgewärmten Tellern anrichten.
Dazu reicht man Salat!

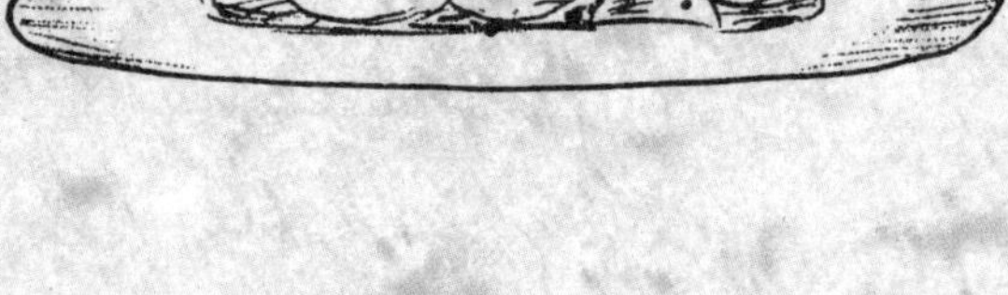

# Kalbfleischknödel in Senfsoße

Zutaten:

Für die Knödel: 40 dag Kalbfleisch faschiert
1/8 l Milch
1 Ei
Salz, Pfeffer
1 eingeweichte Semmel
2 Eßlöffel Brösel
Petersilgrün

Für die Senfsoße: 1 Eßlöffel Butter
1 Teelöffel Mehl
ca. 150 g Estragon Senf
1 Teelöffel Curry
1 Bund Dille, etw. Zucker
1/4 l Suppe

So wirds gemacht:

Faschiertes, die ausgedrückte Semmel, Gewürze, das Ei gut abmengen. Mit nassen Händen Knödel formen welche man in kochendem Salzwasser ca. 20 Minuten langsam garen läßt.

Für die Soße Butter und Mehl hell anrösten, mit Suppe aufgießen, Senf und Curry dazugeben, glatt rühren und gut verkochen. Mit Zucker und eventuell etwas scharfem Senf (wer's etwas schärfer liebt!) abschmecken. Die gekochten Knödel und die feingehackte Dille in der Soße kurz ziehen lassen.

Will man etwas ganz Besonderes zu Tisch bringen, gibt man im letzten Moment noch 5 dag Krabben in die Soße.

Mit Salzkartoffel servieren.

# Geflügel-KNÖDEL

Zutaten: ¼ l Wasser
5 dag Butter
20 dag Mehl
Salz
4 Eier
20–30 dag gekochtes oder gebratenes
Geflügelfleisch faschiert
Petersilgrün
Muskatnuss
etw. weißer Pfeffer

# Zubereitung:

Wasser, Butter u. Salz aufkochen, das Mehl einrühren und so lange unter ständigem rühren kochen, bis sich ein Klumpen bildet, der sich vom Geschirr löst. Etwas überkühlen lassen und dann langsam nach und nach die versprudelten Eier einrühren. 1/4 - 1/2 Stunde rasten lassen, dann das faschierte Geflügelfleisch sowie die Gewürze einmengen. Mit bemehlten Händen Knödel formen; in siedendes Salzwasser einlegen und ca. 10 Minuten sieden (nicht kochend) lassen.
Als zweite Variante kann man die Knödel aber auch in Öl backen.
Mit Salaten zu Tisch bringen!

# Lungauer-Kasknödel

**Zutaten:**

2 Semmeln, ¼ l Milch, 2 Eier, 15 dag geräucherten Topfenkäse oder anderen Räucherkäs, etwas Salz, Pfeffer, 15 dag Vollkornweizenmehl, ca. ⅛ l Milch –

Fett zum Ausbacken –

Rindsuppe oder Salzwasser –

## So wird's gemacht:

Die geschnittenen Semmeln werden mit den in der Milch versprudelten Eiern übergossen. Den Räucherkäs fein verbröseln oder reiben, die Gewürze und das Mehl dazugeben und noch so viel Milch eingerührt, bis ein mittelfester Teig entsteht. ½ Stunde rasten lassen, Knödel formen und in heißem Backfett oder Öl rasch schön braun und resch ausbacken. Dann werden sie in kochendes Salzwasser oder Rindsuppe eingelegt und kurz gekocht. –
Man ißt sie entweder in der Rindsuppe, oder mit Salat!

# Topfenspeck-Knödel

## Zutaten:

1/4 kg Topfen, 2 Eier, 2 altbackene Semmeln, Salz, 10 dag Grieß, 10 dag Selchspeck (würfelig geschnitten und abgebraten) 1 Eßlöffel Schnittlauch, etw. Muskatnuß –

## Zubereitung:

Die eingeweichten, ausgedrückten Semmeln mit dem Topfen und den anderen Zutaten zu einem Teig verrühren – 1 Stunde rasten lassen – dann Knödel formen, die man in kochendes Salzwasser 10 Minuten ziehen läßt.

Angerichtet werden diese Knödel mit heißem Grammelfett. Dazu Gemüse, Sauerkraut oder Salate.

# Auberginen-Knödel

Zutaten: 4 kleine oder 2 große Auberginen, 40 dag Rindfleisch faschiert, 20 dag Edamer, 2 Eier, Salz, Pfeffer, etwas Paprika, 2 Eßlöffel Olivenöl.
Zubereitung: Die Auberginen waschen und enthäuten, (kurz in das Backrohr legen), klein hacken; mit dem faschierten Rindfleisch, dem geriebenen Käse, den Gewürzen und den Eiern vermischen. Eventuell mit Semmelbrösel binden. Aus dieser Masse Knödel formen, in eine Pfanne setzen, mit etwas Suppe aufgießen und im Rohr unter ständigem Begießen garen.

# Fischknödel
## mit Soße Remoulade

**Zutaten:**

500 g Hechtfleisch (gekocht)
2 Eier
1/8 l Wasser
8 dag Mehl
5 dag Butter
1/16 l Obers
1/16 l Weißwein

**Soße Remoulade:**

Mayonnaise gewürzt mit feingehackter Zwiebel, Kapern, Sardellen, Essiggurkerl, Champignon, Petersilie. Zum Schluß etwas Kaviar.

# Zubereitung:

Aus Wasser, dem Butter (aufkochen) und dem Mehl einen Brandteig bereiten. - Den ausgekühlten Teig nochmals mit dem faschierten Fisch durchfaschieren, gut abarbeiten, Eier, Obers, Salz, Wein, Pfeffer u. Muskatnuß beifügen. Ist die Masse zu weich, (weil der Fisch zu wässrig war) mengt man etwas Grieß bei. Kleine Knöderl formen und in kochendem Salzwasser ca. 5 - 8 Minuten langsam ziehen lassen.

# GNOCCHI À LA BOLOGNESE

Erdäpfelteig aus 3/4 kg Erdäpfel (gekocht)
2 Eier, Salz, 20 dag Mehl, 1 Kaffeelöffel Oregano
3 dag Butter. Aus diesem Teig 12 Knödel
formen. In leicht gesalzenem Salzwasser
fünf Minuten kochen und fünf Minuten
ziehen lassen. Gut abgetropft in eine mit
Butter ausgestrichene Form schlichten.
Mit Parmesan bestreuen, Butterflocken
darauf verteilen und im vorgeheizten
Rohr bei 150° Grad ca. zehn Minuten
überbacken.
Mit einer Pasta asciutta Soße
aus 1/4 kg Faschiertem, servieren.

## MEXIKANISCHER PFEFFERTOPF:

1 Dose rote Bohnen (½ kg) und 1 kleine Dose Maiskörner in einem Sieb mit kaltem Wasser abspülen, ca. 30 dag Faschiertes mit Salz, Pfeffer, etwas Chilipfeffer, etwas Paprika, 1 Knoblauchzehe zerdrückt und etwas Rosmarin würzen, 2 Eßlöffel Semmelbrösel dazugeben und gut durchmischen, - daraus kleine Knödel formen - 1 Beutel fertige Pfeffersoße nach Kochanleitung zubereiten, mit ⅛ l Weißwein aufgießen und verkochen lassen. Die faschierten Knödel in dieser Soße kochen. Zum Schluß die roten Bohnen und die Maiskörner vorsichtig untermengen und erhitzen.
Dazu paßt ausgezeichnet frisches Weißbrot!

# Käsebällchen gebacken!

Dazu braucht man:

1/4 l Wasser, 7 dag Butter, Salz,
20 dag Mehl, 4 Eier, 15 dag Emmentaler Käse gerieben, 10 dag Mandelblättchen. –

Wasser mit Butter u. Salz aufkochen, Mehl einrühren bis ein Klotz entsteht, überkühlt die Eier nach und nach unterrühren, zum Schluß den Käse – Mit nassen Händen kleine Bällchen formen und diese in den Mandeln wälzen. – In Öl oder Fritierfett goldgelb ausbacken.

# Roquefort-Fleischknödel

Aus ½ kg Faschiertem, Salz, Pfeffer, 1 Knoblauchzehe zerdrückt, 1 Zwiebel fein gehackt, 1 Ei, ca. 4 Eßlöffel Brösel einen Teig verkneten. – Daraus 6 Knödel formen. – 6 dag Roquefort Käse in 6 gleiche Teile schneiden und in jeden Knödel ein Käsestück drücken. In Brösel drehen und in heißem Öl oder Fritierfett ausbacken.

Mit verschiedenen Salaten oder Gemüse servieren.

# Kohlknöderl auf Zucchini-Karotten Gemüse

Zutaben: 1 Stück Kohl (1 kg), Salz;
Für die Fülle: 5 dag Langkorn Reis, 2 Eßl. Kürbiskerne, 12 dag Raclettkäse, 1 Bund Lauchzwiebeln, 2 Eßl. Creme fraiche, 2 Eier, 2 Knoblauchzehen, 1 Bund Schnittlauch, Pfeffer.-

Kohl putzen, die einzelnen Blätter in leicht gesalzenem Wasser 3 Minuten kochen u. dann kalt abspülen.- Tropfenfrei von den mittleren Blattrippen befreien.- Den gekochten Reis, die grob gehackten, ohne Fett leicht gerösteten Kürbiskerne, geriebenen Käse, geschnittenen Zwiebel, Creme fraiche, die Eier und den zerdrückten Knoblauch sowie Schnittlauch verrühren. Mit Salz und Pfeffer abschmecken.

jeweils 2 Kohlblätter übereinanderlegen, die Fülle darauf verteilen, dann wie Kugeln zusammenfassen und oben mit einem Faden zubinden.

Für das Zucchini Karotten Gemüse: 1 Zwiebel gehackt in 2 Eßl. Butter goldgelb dünsten, ½ kg Karotten in Stifte geschnitten, sowie ¼ l Gemüsebrühe dazugeben und 5 Minuten dünsten, ½ kg Zucchini in Stifte geschnitten, sowie ¼ l Weißwein und ¼ l Obers dazugeben, mit Salz u. Pfeffer abschmecken und aufkochen.
In eine Pfanne geben, die Kohlknödel daraufsetzen und im vorgeheizten Rohr bei ca. 200°, 30 Minuten garen.

# SPINATTOPFENKNÖDEL

Zutaten: 1 Paket Tiefkühlspinat gehackt (45 dag), 1/4 Topfen 20%, 2 Eier, 8 dag geriebenen Käse (Holländer od. Emmentaler), Salz, etwas Pfeffer, geriebene Muskatnuß, Semmelbrösel.

Zubereitung:

Den Spinat aus der Packung auf ein Tuch legen und dann in ein Sieb legen und auftauen lassen. Den aufgetauten Spinat im Tuch ausdrücken. Dann mit dem Topfen, den Eiern, dem Käse, den Gewürzen vermengen. Soviel Semmelbrösel dazugeben, daß ein geschmeidiger Teig entsteht.

In das kochende Salzwasser zunächst einen Probeknödel einlegen. Löst sich der Knödel beim Kochen auf, dann müssen mehr

Semmelbrösel dazugegeben werden. Die Knödel bei geöffnetem Deckel ca. 15 Minuten ziehen lassen. Dann gut abgetropft in eine vorgewärmte Schüssel geben und mit in Butter gerösteten Semmelbröseln (5 dag Butter, 3 Eßlöffel Semmelbrösel) bestreuen.
Ein Schüsselchen mit geriebenem Käse separat dazu servieren.
Mit frischem grünen Salat zu Tisch bringen.
Die angegebene Menge ergiebt ca. 15 Knödel

# Topfenknödel mit Zwetschkenröster

Zutaten: 15 dag Butter abtreiben, mit ½ kg Topfen, 4 ganzen Eiern, 2 P. Vanillezucker, Zitronenschale gut durchrühren, 4 Stück Semmerl kleinwürfelig schneiden, einmengen und mindestens 1 Stunde zugedeckt rasten lassen. Knödel formen und in kochendem Salzwasser ca. 20 Minuten ziehen lassen (nicht kochen!) Mit gerösteten Semmelbröseln bestreuen und überzuckert mit Zwetschkenröster zu Tisch bringen.

## Für den Zwetschkenröster:

1/2 kg Dörrpflaumen kurz überkochen, entkernen, faschieren, etwas Wasser, Zitronensaft und -schale, Zimt, Rum und etwas süßen Rahm bzw. Obers beigeben. Der Zwetschkenröster wird lippenwarm serviert!

Johanna

# Annis Zwetschkenknödel

Topfenteig: ca. 6–8 dag Rama abtreiben, 1 Prise Salz, 1 Ei, 1 Eßlöffel Grieß, 1/4 kg Topfen 20%, ca. 1/4 kg griffiges Mehl, zum Abtrieb geben, dann den Teig auf einem Brett zu einer Rolle formen.
Ergibt ca. 20 Stück Zwetschkenknödel!
Von der Rolle 20 Stücke abschneiden mit einer Zwetschke belegen, gut mit dem Teig einhüllen, fest verschließen und zu Knödel drehen. In kochendem Salzwasser bei kleiner Flamme ca. 10 Minuten kochen. In gerösteten Semmelbrösel wälzen und überzuckert servieren!
Butterbrösel: 15 dag Butter, 15 dag Zucker, 30 dag Brösel – hellbraun rösten!

# Marillenknödel

Denselben Topfenteig wie bei Annis Zwetschkenknödel!
Marillen halb einschneiden, Kern herausgeben und 1 Stück Würfelzucker stattdessen in die Frucht hineingeben. Mit dem Topfenteig umhüllen, fest verschließen und ebenfalls 10-15 Minuten auf kleiner Flamme kochen.
Auch diese Knödel werden in Butterbrösel gewälzt und überzuckert zu Tisch gebracht!

# Topfenknödel CHRISTA

Zutaten: 10 dag Butter, 3 Dotter, 1 Ei, Salz, Vanillezucker, ½ kg Topfen 20%, 15 dag griffiges Mehl. –
Abtrieb mit den Eiern, die weiteren Zutaten einrühren. Die Masse ½ Stunde rasten lassen, dann Knödel formen und 10–15 Minuten in Salzwasser langsam kochen.
Die gekochten Knödel in gerösteter Butterbrösel wälzen und überzuckert sofort servieren!

# Topfenknödel „Herta"

Knödelmasse:

8 dag zerlassene Butter über 9 dag Semmelbrösel gießen, Salz, 2 Dotter, und 25 dag Topfen untermengen, Klar zu Schnee schlagen und zum Topfenteig geben. Knödel formen. In kochendes Salzwasser geben, aber nicht mehr kochen. 15 Minuten ziehen lassen. Gut abtropfen lassen Geröstete Butterbrösel darüberstreuen und überzuckert zu Tisch bringen.

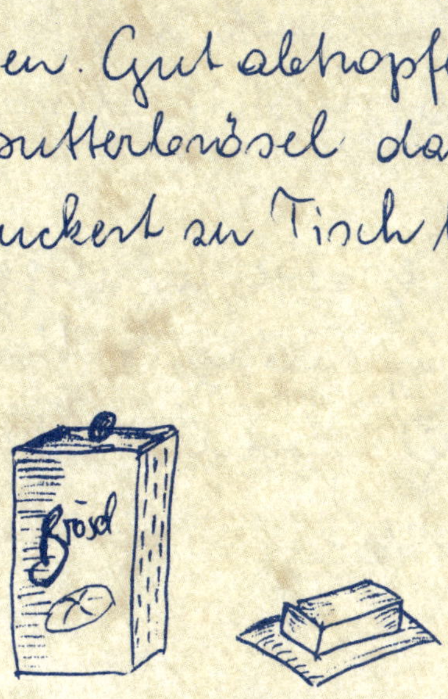

# Zwetschkenknödel aus Topfen-Erdäpfelteig

Es muß nicht immer Erdäpfelteig sein – und auch nicht immer Topfenteig.
Probieren Sie doch einmal Zwetschkenknödel aus einer Topfen-Erdäpfelteig-Mischung!

Zutaten: 5 große, mehlige Erdäpfel, 1/8 kg Topfen 20 %, 15 dag Butter, 2 Eidotter, 10 dag griffiges Mehl, 1 Prise Salz. – 3/4 kg Zwetschken.

## So wird's gemacht:

Erdäpfel kochen, schälen, dann durch die Presse drücken. Butter beigeben und auskühlen lassen. Dann Topfen, Dotter, Mehl u. Salz beigeben und verkneten. Von einer dicken Rolle 1 cm starke Scheiben abschneiden, Zwetschke darauflegen und Knödel formen. In kochendem Salzwasser 10 Min. kochen (langsam!)

Inzwischen 10 dag Semmelbrösel in 1/8 kg Butter goldbraun rösten, 1 Eßlöffel Kristallzucker und 1 Prise Zimt dazugeben. Die abgetropften Knödel darin wälzen, überzuckert servieren.

# Zwetschkenknödel aus Erdäpfelteig

Zutaten: ½ kg mehlige, gekochte, passierte Erdäpfel, 5 dag Grieß, 15 dag griffiges Mehl, 2 ganze Eier, 2 Eßlöffel Topfen, 2 dag zerlassene Butter. -

Die Erdäpfel passieren, mit den übrigen Zutaten rasch zu einem Teig kneten. Eine Rolle formen, gleichmäßige Stücke abschneiden, flach drücken, mit einer entkernten Zwetschke in welche man ein halbes Stück Zucker eingelegt hat belegen, Knödel formen und in reichlich Salzwasser (kochend!) ca. 10 Min. unter kochen. Anschließend in gerösteten Semmelbröseln, Nußbröseln, Mohnbröseln oder Lebkuchenbröseln gewälzt und überzuckert serviert.

# Marillenknödel

Den selben Teig wie bei den Zwetschken-knödeln!
Die Teigstücke mit den entsteinten, mit einem Stück Zucker versehenen Marillen belegen und dann zu Knödel formen.
Auch die Marillenknödel werden in kochendem Salzwasser 10 Minuten gekocht und in Bröseln gewälzt.
Für die gerösteten Bröseln, 10 dag Butter erwärmen, und die Brösel darin gleichmäßig hellbraun anrösten. Vom Herd nehmen, ca. 5 dag Kristallzucker untermengen und die gekochten Knödeln darin wälzen.
PS.: Pürieren sie einen Teil der Früchte und servieren die Soße kalt zu den Knödeln!

# GROSSMUTTER'S

## MARILLEN oder ZWETSCHKENKNÖDEL

Man bröselt 7 dag Butter mit 40 dag Mehl ab. 1 kleine in Milch eingeweichte Semmel, 1 Ei und 2 Dotter und etw. Salz dazugeben. Einen Teig kneten und ziemlich dick auswalken. In Vierecke schneiden. Darauf legt man 1 Zwetschke oder Marille und formt Knödel daraus. In gesalzenem Salzwasser vorsichtig kochen. (ca. 10 Minuten) Abgetropft in eine Kaserolle mit heißer Butter legen und auf einer Seite braun werden lassen. In der Butter kann man vorher auch Zucker bräunen und Brösel anlaufen lassen, oder nur Brösel anlaufen lassen. - Marillen kann man entkernen und dann entweder 1 Stück Zucker od. 1 Mandel hineinstecken.

ODER

# Marillenknödel aus STRUDELTEIG

Man macht von 1 Ei, nußgroßes Stück Butter, etwas Salz, kalter Milch und ½ l Mehl einen weichen Teig und treibt ihn zum Eindrehen von ungefähr 30 Zwetschken dünn aus, siedet die Knödel wieder 10 Minuten, richtet sie an und übergießt sie mit heißer Butter und bestreut sie mit Zucker, Zimt und angelaufenen Bröseln.

ODER

# Marillenknödel aus SEMMELKNÖDELTEIG

Man bereitet Semmelknödel, reißt die gekochten Knödel mit Gabeln entzwei, gibt sie zu gelb gerösteten Semmelbrösel in eine Kaserolle und schüttelt sie gut durch.

Dazu serviert man gedünstete frische Zwetschken oder

Zwetschkenpfeffer:

Man läßt etwas Brösel in Butter anlaufen und gibt den Zwetschkensud und die weichgekochten, fein geschnittenen Zwetschken, Zucker, Zimt, Nelken, Zitronenschale und Rum oder Wein dazu.

ODER

# Marillenknödel aus ERDÄPFELTEIG

Für den Erdäpfelteig nimmt man zu ½ l Mehl, 4 Dotter, Salz und 10–12 Stück Erdäpfel gekocht, warm zerdrückt und ausgekühlt. Knetet einen feinen Teig und verwendet diesen ebenfalls für Zwetschken oder Marillenknödel. Im Salzwasser (kochend!) 10 Minuten kochen – abtropfen lassen und in Butterbrösel wälzen. Mit Zucker bestreuen und zu Tisch bringen.

# Erdbeerknödel

## ein KNÖDELTRAUM!

Zutaten: ¼ magerer Topfen, 8 dag Butter, 12 dag Weißbrot, ⅛ l Milch, 8 dag Mehl, 4 dag Grieß, 2 Eier, Salz. – ¼ kg Erdbeeren –
Butterbrösel: 15 dag Butter, 30 dag Brösel, 15 dag Zucker.
Zubereitung: Butter mit Dotter flaumig rühren, entrindetes, kleinwürfelig geschnittenes Weißbrot, Salz, Grieß, Mehl und Milch dazugeben und gut durchrühren. Eiklar zu Schnee schlagen und unter die Masse ziehen. Diese Masse muß 2 Stunden lang im Kühlschrank ziehen, damit sich Grieß und Weißbrot ansaugen können.

Auf einem bemehlten Brett eine Rolle formen, Stücke abschneiden, etwas flachdrücken und mit je 1 - 2 Erdbeeren belegen. Zu Knödel formen. In leicht gesalzenem Wasser 10 Minuten lang ziehen lassen. -

Butter, Zucker und Brösel in einer Pfanne leicht rösten und die fertigen Knödel darin wälzen. Mit Staubzucker bestreut servieren!

# Erdbeerknödel mit Sabayon.

¼ kg Topfen 20%, 12 dag Mehl, 10 dag Staubzucker, 3 dag Butter und 1 Ei zu einem Teig verkneten.
Den Teig ½ Stunde im Kühlschrank rasten lassen. Dann in Stücke schneiden, mit Erdbeeren füllen und zu Knödel formen. Im Salzwasser 10-15 Minuten leicht kochen. Die fertigen Knödel in Butterbrösel wälzen.
Sabayon: ⅛ l Riesling, 1 Ei, 3-4 dag Zucker. – Wein mit den Zutaten über Dampf dickschaumig schlagen.
Mit den fertigen Erdbeerknödeln servieren!

# Kirschenknödel

1/4 kg griffiges Mehl, Prise Salz, 5 dag Rama, 1/4 kg Topfen 20%, 1 ganzes Ei, 1 Eßl. Grieß
Aus diesen Zutaten einen Teig zubereiten. –
In Stücke schneiden, je 3 Kirschen auf 1 Stück Teig legen, zu Knödel formen und im Salzwasser 10 Minuten kochen.
Abgetropft in gerösteten Butterbröseln wälzen.
Mit Staubzucker bestreut servieren.

# Omas Weichselknödel

Man treibt 4 dag Butter mit 1 Ei und 3 Dottern ab, mischt 4 Deziliter Mehl und 2 Deziliter Milch, 12 dag Brösel und 4 Deziliter Weichseln darin.

Man formt aus dieser Masse Knödel, diese werden in kochendem Salzwasser ca. 10 Minuten gekocht. Abgetropft zerreißt man sie mit 2 Gabeln und bestreut sie mit Zucker und in Butter gerösteten Bröseln.

# Kapuziner-KNÖDEL

5 dag Butter flaumig abtreiben, 4 Eier nach und nach, sowie 5 dag Zucker zum Abtrieb geben. 1 Prise Salz, Zitronenschale, 2 Eß-löffel Rosinen und 5 dag geriebene Mandeln unterrühren. Dann soviel Semmelbrösel dazugeben, bis ein formbarer Teig entsteht. Daraus Knödel formen, in heißem Öl aus-backen, in eine Schüssel geben, 1/16 l Obers darüberschütten, mit Mandel-stiften oder blättchen bestreuen und dann zugedeckt etwas dünsten lassen.

# Pfirsichknödel

## Zutaten:

10 dag griffiges Mehl, 1/4 kg Topfen 20%, 8 dag Butter, 1 Ei, 2 Eidotter, 1 Eßlöffel Staubzucker, 1 1/2 Eßlöffel Semmelbrösel, 1 Prise Salz, geriebene Zitronenschale, 1 P. Vanillezucker –
12 Stück reife Pfirsiche.

## Für die Brösel:

1/8 kg Butter, 10 dag Semmelbrösel, 1 Eßlöffel Kristallzucker, 1 Prise Zimt

## So wirds gemacht:

Aus Mehl, Butter, Topfen, Ei, den Dottern, Brösel u. Gewürzen einen Teig verkneten und eventuell etwas rasten lassen. Dann in Stücke teilen. Die Pfirsiche waschen u. gut abtrocknen. Kern drinnen lassen und mit dem Teig zu Knödeln formen. In kochendes Salzwasser einlegen und zugedeckt kurz aufkochen lassen, dann abgedeckt ca. 10 Minuten wallend ziehen lassen.
Abgetropft in den in Butter gerösteten Bröseln drehen.
Sofort servieren!

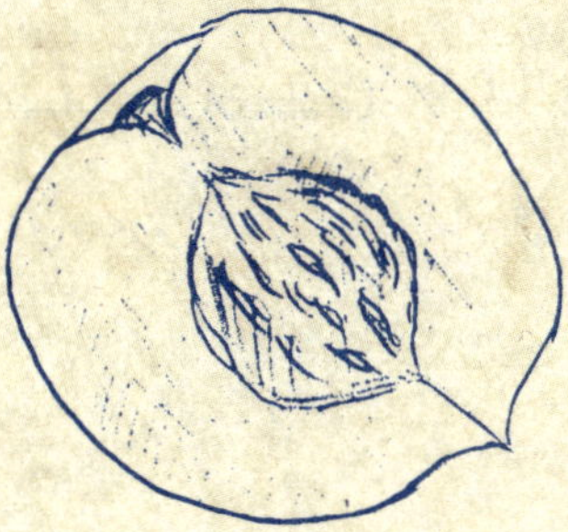

# „Schlosserbuben"

Zutaten: 1/4 kg Mehl, 1/4 l Milch, 4 dag Öl.
2 Eier, 4 dag Zucker, 1 Prise Salz. –
1/2 kg kernlose Dörrzwetschken, 8 dag geschälte Mandelkerne, 10 dag Schokolade.

Die Dörrzwetschken einige Stunden in Wasser einweichen, dann herausnehmen und abtrocknen. In jede Zwetschke kommt eine geschälte Mandel anstatt des Kerns.
Aus Mehl, Milch, Öl, den 2 Dottern und dem Salz einen glatten Teig abrühren.
Dann die 2 Eiklar mit dem Zucker zu

einem steifen Schnee schlagen und vorsichtig unter den Teig heben. - Die Zwetschken in diesen Backteig tauchen und in heißem Öl goldgelb backen. Gut abgetropft in der geriebenen Schokolade wälzen. Mit Zucker bestreut servieren.
Dazu paßt sehr gut Himbeermark:
20 dag Himbeeren (eventuell tiefgekühlt) und 15 dag Staubzucker mit Mixerstab oder in einer Küchenmaschine pürieren!

# Apfelknödel in Mostsoße!

Zutaten: 1/4 kg Äpfel, 5 dag Butter, 5 dag Brösel, 5 dag Nüsse, 3 dag Rosinen, 1 Ei, 4 dag Zucker, etwas Zimt u. Nelkenpulver.

Soße:

3 dcl Most, 12 dag Zucker, Zimtrinde, 2 Nelken, 2 dag Maizena, 2 Eier.

Für die Panier der Knödel: Mehl, Ei, Brösel, Öl zum Backen.

Zubereitung:

Aus den Äpfeln ein Apfelmus bereiten, Zucker, Zimt und Nelken unterrühren. Die Brösel mit den geriebenen Nüssen rösten. – Aus Butter und Ei einen Abtrieb machen. Das überkühlte Apfelmus, die

Rosinen und die Brösel untermischen und anziehen lassen. Dann Knödel formen, in Mehl, Ei und Brösel panieren und backen.
Für die Soße Most, Zucker und Gewürze aufkochen. Etwas Most zurückhalten, mit Maizena und den Eiern verrühren und wie einen Pudding zubereiten.
Vor dem Servieren die Knödel mit der Mostsoße übergießen.

# Feine Germknödel

Zutaten: ½ kg Mehl, 2 dag Germ, 10 dag Butter, 2 dag Zucker, 1 Ei, 1 Dotter, Prise Salz, Zitronenschale, ca. ⅛ l Milch

Zubereitung:

Aus der erwärmten Milch, dem Germ und etwas Mehl ein Dampferl bereiten. Mehl, zerlassene Butter, Zucker, das Ei und der Dotter sowie die Gewürze, das Dampferl und die Milch zusammenmengen und zu einem glatten Teig abschlagen, bis er sich vom Kochlöffel löst. ca. 1 Stunde gehen lassen. Dann eine Rolle formen, 24 Stücke einteilen, diese mit Powidl füllen und zu Knödel formen. Auf ein bemehltes Brett legen und nochmals 25 Minuten aufgehen lassen.

In kochendem Salzwasser gut aufkochen,

umdrehen und dann noch ca. 12 Minuten leicht kochend ziehen lassen. Mit einer Gabel ausstechen. Beim Herausziehen darf kein Teig kleben bleiben. Gut abtropfen lassen und mit in Butter gerösteten Bröseln bestreuen. Dazu nimmt man 12 dag Butter und 8 dag Brösel.
Zum Schluß werden diese köstlichen Knödel noch mit Staubzucker bestreut. Anstatt der Brösel kann man aber auch geriebenen Mohn, Staubzucker und etwas flüssige Butter über die gekochten Knödel geben.

# GERM-
# Zwetschkenknödel

Zutaten: ½ kg Mehl, 3 dag Germ, ¼ l Milch, 6 dag Zucker, Salz, 1 Ei, 6 dag Butter, 24 Zwetschken, 24 St. Würfelzucker, 5 dag Butter, 4 Eßlöffel Semmelbrösel.

Zubereitung: Mehl in eine Schüssel sieben, in die Mitte eine Vertiefung drücken, die Germ hineinbröckeln und mit der Milch verrühren. Mit etwas Zucker bestreuen und mit etwas Mehl bestäuben. Restlichen Zucker, Salz, Ei und zerlassene Butter am Rand verteilen. Zugedeckt an einem warmen Ort ca. 15 Minuten gehen lassen. Alles zu einem lockeren Teig verkneten und so lange schlagen, bis er Blasen wirft. Zugedeckt 15-20 Minuten gehen lassen. Inzwischen die Zwetschken halb aufschneiden, den Kern entfernen und mit je einem Stück Zucker füllen. Aus dem Teig 12 Knödel formen und in jeden 2 Zwetschken geben. Auf einem bemehlten Brett zugedeckt nochmals 15 Minuten gehen lassen. 2 breite Töpfe zur Hälfte mit Wasser füllen und zum Kochen bringen. Über jeden Topf ein Baumwolltuch spannen, die Knödel darauflegen und eine Schüssel darüberstülpen. Die Knödel im Wasserdampf 20 bis 30 Minuten garen. Auf einer vorgewärmten Platte anrichten. Mit in Butter gebräunten Semmelbröseln bestreuen. Dazu noch Zimt und Zucker reichen.

# Punschknödel

Biskuit am Blech backen!

Dazu braucht man: 6 ganze Eier mit 12 dag Zucker schaumig schlagen, 10 dag Mehl vorsichtig unterheben, - backen.

Die Hälfte des gebackenen, ausgekühlten Biskuits in kleine Stückchen zerteilen, Zitronenschale und Saft, Rum 2 Rippen Schokolade gerieben, Saft einer frisch gepreßten Orange dazugeben, vermischen und ½ Stunde ziehen lassen -

Die zweite Hälfte ebenfalls in kleine Stückchen reißen und anschließend zu der feuchten ersten Hälfte mischen. So entsteht eine dunkel-helle Knödelmasse. Knödel formen und anschließend in Kokosette drehen.

Auf einem Kuchenteller mit Spitzenpapier gefällig anrichten.

Wichtig ist, daß die erste Masse, die sogenannte Punschmasse schön feucht, aber nicht zu naß gehalten wird. Will man die Masse mit weniger Rum haben, kann man auch Kaffee verwenden.

# BRANDTEIGBÄLLCHEN

mit Fruchtspiegel!

Zutaten: 1/4 l Wasser, Prise Salz, 5 dag Butter, 20 dag glattes Mehl, 4 Eier.-

Wasser, Salz u. Butter aufkochen, das Mehl einrühren und solange kochen, bis sich ein Klumpen bildet. In den überkühlten Teig vorerst 2 versprudelte Eier nach u. nach einrühren, nach 10 Minuten Rastzeit die weiteren Eier einrühren bis ein schöner glatter Teig entsteht. Auf ein bemehltes Brett

mit einem Kaffeelöffel kleine etwa
kirschgroße Stückchen geben, diese in
gut bemehlten Händen vorsichtig zu
kleinen Knöderl formen und in
heißem Öl langsam backen, noch heiß
in einem Gemisch von Staubzucker
und Zimt drehen.
Für den Fruchtspiegel 1/4 kg Erdbeeren
od. Himbeeren fein pürieren oder mixen,
2 Eßlöffel Staubzucker u. 2 Eßlöffel Zi-
tronensaft einrühren. Ca. 2 Eßlöffel
des Fruchtmarks auf ein Dessertteller
geben, mit Joghurt welches mit etwas
Zucker u. Zitronensaft glatt gerührt wurde,
eine Wellenlinie in das Fruchtmark
machen, mit einem Holzstäbchen durch-
ziehen. Es entsteht eine schöne Blüte!
3 Brandteigbällchen daneben legen

# BRANDTEIG
## für Fruchtknödel

Zutaten: ¼ l Wasser, 5 dag Butter, Salz, 20 dag Mehl, 4 Eier. –

Zubereitung: –

Wasser, Butter und die Prise Salz aufkochen, das Mehl (glattes Mehl) einrühren und solange unter ständigem rühren kochen, bis sich ein Klumpen bildet, der sich vom Geschirr und vom Kochlöffel löst. Der heiße Teig muß etwas überkühlen, dann werden 2 Eier versprudelt eingerührt. Das geht sehr gut mit den Knethaken des Handmixers! Nach 10 Minuten Rastzeit werden die zwei weiteren Eier eingerührt.

Der fertige Brandteig kann 1/4 - 1/2 Stunde rasten, kann aber auch sofort weiter verarbeitet werden. - Der Teig eignet sich besonders gut für flaumige Fruchtknödel!

sowie:

ERDBEER-, MARILLEN-, PFIRSICH-, ZWETSCHKEN- oder KIRSCHENKNÖDEL

dafür gibt man mit einem Eßlöffel portionsweise den Teig auf ein bemehltes Brett, legt das Obst bzw. die Frucht darauf und verschließt mit gut bemehlten Händen den Knödel und formt ihn vorsichtig schön rund. In kochendem Salzwasser je nach Größe der Frucht 10-15 Minuten langsam kochen. In mit Butter gerösteten Semmelbröseln drehen und überzuckert servieren!